Cómo hacer feliz a la esposa

William W. Orr

COMO HACER
FELIZ A LA
ESPOSA

editorial clie

Libros CLIE
Galvani, 115
08224 TERRASSA (Barcelona)

CÓMO HACER FELIZ A LA ESPOSA

Originally published in the USA under the title
HOW TO KEEP YOUR WIFE HAPPY
© 1958 by Scripture Press Foundation

© 1982 por CLIE para la versión española

Versión española: José Vila

Depósito Legal: SE-308-2002
ISBN: 84-7228-668-1

Impreso en: Publicaciones Digitales, S. A. (Sevilla)
www.publidisa.com - (+34) 95.458.34.25

Printed in Spain

INDICE

1

ES TRISTE, PERO...

El malestar, el descontento y la falta de felicidad son tan corrientes como el pan. Muchos hogares donde habría que pensar, lógicamente, que son un rincón de cielo, son un centro de tensión y pesadumbre. En los tribunales, se están tramitando más procesos de divorcio cada día: parejas que empezaron ilusionadas y ahora confiesan su fracaso, considerándose incompatibles. Niñitos con los ojos asombrados o llorando, que miran alrededor y no comprenden lo que les está pasando a sus padres. Para muchos la vida es triste, desilusionante, sin objetivo, no vale la pena vivirla.

Y la felicidad es algo que se puede alcanzar. Hay en realidad tantas cosas en el mundo que contribuyen a llevar el contento a las personas. La vida no tiene por objetivo nadar en un valle de lágrimas. El plan de Dios fue distinto: tenía que ser gozosa, inocente, pura. Tenemos una gran capacidad para el goce, el deleite.

En algún sitio hemos tomado un enlace equivocado y ahora nos llevan donde no pensábamos ir. En todo caso este tren no nos conduce a la felicidad.

No debe entendérseme mal. No quiero decir que la vida haya de ser una continua fiesta o una partida campestre. Dios tiene de nosotros una idea más importante que el que vayamos vagando de flor en flor, como mariposas libando placer tras placer de la vida. Esta concepción sería demasiado frívola.

La vida tiene momentos serios. Hay en ella momentos en que brilla el sol, pero también hay nubes y tormentas. Nadie disfruta de una salud perfecta. No hay que equivocarse: no todos hemos nacido igual, ni en cuanto a nuestras circunstancias ni en cuanto a nuestra disposición y naturaleza. Por ello, el curso de cada uno sigue derroteros distintos. Y lo mismo, en cuanto se refiere a la felicidad.

Pero, por encima de todo, hay la posibilidad de llegar a ser feliz. Hay la posibilidad de verse rodeado de amigos, calor, satisfacción, paz, logros. Y todo ello aunque no se excluyan las tormentas. Estas en realidad nos harán apreciar mejor los momentos de calma y paz. Pero, por encima de todo hay la comprensión profunda de que hay un amor y un aprecio de las bendiciones que recibimos que va mucho más allá de los cambios fugaces de la vida. Y además, los momentos difíciles nos ayudan a echar más hondas las raíces de la fe y del amor.

¿Es posible, pues, la felicidad? A pesar de todas las circunstancias, condiciones e incluso de antiguos fracasos por alcanzarla, sí, no me cabe duda de ello.

¿Cuál es el secreto? Vamos a considerarlo con detalle en las páginas que siguen. Hablemos del hogar, y de sus componentes. Hablemos de la persona del padre y marido de cada hogar. Esto pues se refiere a ti... MARIDO.

El teatro de operaciones de tu vida es tu hogar. El personaje principal en escena eres tú, y por el proceso de acción y reacción, tu esposa. Y los beneficiarios... todo el mundo.

2

¿COMO ES POSIBLE?

Siempre hay personas que tienen dudas. Se les llama escépticos. Este ideal es imposible, dicen. Esto ya lo hemos probado más de una vez, y el resultado ha sido siempre el fracaso. Y lo será de nuevo.

No tiene por qué ser así. Y la razón es que el hogar es una institución de Dios. El matrimonio es el método con el que opera Dios en la humanidad. Los maridos y las esposas son el resultado de los designios de Dios. De los planes de Dios no pueden resultar desastres, sino que deben funcionar. Debe resultar gozo para los afectados... siempre y cuando...

Este es precisamente el punto. Tenemos que volver un poco atrás para comprender todo esto. La Biblia de un modo conciso y simple nos enseña que cuando Dios decidió poblar el mundo empezó con una sola pareja, una mujer y un hombre.

El ambiente era una maravilla. Un jardín exquisito, repleto de árboles y flores, tales como sólo el Creador podía hacerlas crecer. En este lugar ideal Dios colocó a Adán y Eva. Pero al hacerlo implantó en lo más íntimo de su corazón todas las características del amor y la devoción.

En este idílico lugar vivían y fueron atraídos el uno al otro. Aquí se celebró la primera ceremonia matrimonial y se formó la primera familia. Aquí hubo la primera demostración del gozo y deleite que hay inherente en el amor verdadero.

Todo ello a base de la obediencia a las leyes divinas. No hay otra base posible. De la misma manera que el hombre y la mujer son criaturas de Dios y de su sabia omnipotencia, su felicidad depende de que sigan los principios que Dios sabiamente ha establecido.

Pero hay que seguir con la historia. En la prístina inocencia del Edén hubo un intruso, un cruel «Engañador». Satán entró y sedujo a nuestros padres para que cometieran un terrible pecado y a consecuencia del mismo cayeron de su posición privilegiada de amistad con el Dios Trino. A causa de esta transgresión la naturaleza humana adquirió una tendencia innata hacia el mal. Entre otras consecuencias de este hecho, tuvo lugar la pérdida de su felicidad.

Toda esta historia es verdadera, por desgracia. Este es el origen de todos los males del mundo: la semilla del infortunio, el odio y aflicción, que los hombres han venido cosechando desde entonces. Esta es una razón que explica el diluvio de pecado y sufrimiento que ha inundado el mundo.

Pero, esto no es el fin de la historia, pues si lo fuera no habría esperanza. Quedan todavía capítulos más brillantes.

Un día Dios hizo algo sobre el pecado y la desgracia que aplastaba el mundo. Lo que se propuso no fue un remedio provisional, sino una completa respuesta al pecado y a todas sus ramificaciones. El plan de Dios era resolver el problema desde la raíz.

Dios envió a su Hijo, su único Hijo. Vino a este mundo de un nacimiento virginal, vivió una vida generosa y ejemplar, para ser ejecutado por manos viles guiadas por corazones pecaminosos. Pero, todo esto era parte del plan de Dios. Por medio de la muerte de su Hijo, tenemos oportunidad de ver transformadas nuestras vidas pecaminosas y en nuestros corazones es impartida la trascendente vida de Dios.

¿Cómo se consigue esta transformación? Ah, esta es la mejor noticia de todas. Dios ofrece esta transformación de pura gracia. Por nuestra parte poco podemos ofrecer para compensarla, sólo podemos recibir. La entrada en esta bendición inconmensurable consiste en la mera aceptación de la oferta de Dios como don, pura y simplemente. Parece casi imposible ¿verdad?

Pero es verdad, a pesar de todo, como millones y millones lo han descubierto. El Evangelio obra y sus bendiciones son superabundantes. Porque no sólo encontramos que nuestros corazones son hechos nuevos, sino que todo cambia en nosotros. Tenemos nuevos objetivos, nuevos deseos, nuevo poder, nuevos amigos, nuevas ocupaciones, y, gracias sean dadas a Dios... ¡nueva felicidad!

Por medio de este milagro de regeneración el hombre es llevado a alturas de bendición y honor mucho más elevadas que las de Adán y Eva. Nuestros pecados se desvanecen. Nuestra relación con el Todopoderoso, Padre celestial, es eternamente segura. Nuestras necesidades presentes van al cuidado de Dios. Nuestro futuro es brillante, considerando los millares de promesas de Dios.

Todo esto resulta en una felicidad completa, y la razón por la que podemos gozar de esta felicidad. Dios está íntimamente interesado en nuestro bienestar y como podemos leer en Gálatas 5:22-23, el gozo es uno de los frutos seguros de la vida cristiana.

Siendo, pues, este el plan de Dios, y teniendo El cuidado de todas las dificultades, ¿qué razón puede haber de que no gocemos esta felicidad? ¡No hay ninguna!

3

ESCOGIENDO LA FELICIDAD

Sin la menor duda, estas líneas van a caer en las manos de algunos que están con razón preocupados acerca de su felicidad, pero no tienen todavía una esposa con la cual puedan realizarla conjuntamente. Con éstos precisamente podemos empezar con algunos consejos que valen su peso en oro.

La elección de esposa es una decisión de capital importancia; en realidad demasiado importante para dejarla en las manos puramente humanas. Pero, no tiene por que ser este el caso. Como con todo lo que se refiere a la vida del cristiano, Dios está a punto para ofrecernos su guía infalible.

¿Cómo podemos encontrar la persona que llene nuestros sueños y necesidades? No hay ninguna fórmula secreta. El método es simple y consiste en la oración, y la pauta a seguir es esperar que Dios dé la respuesta.

Se puede ver que la armonía del hogar está prácticamente garantizada de antemano cuando se empieza la vida matrimonial con la persona que Dios nos ha destinado.

Cuando has encontrado la persona que Dios tiene destinada para ti, aparece inmediatamente otra pregunta. ¿Cuánto debe durar el noviazgo? Por fortuna hay aquí algunas estadísticas disponibles. En una encuesta de gran envergadura que se hizo de parejas casadas, en los casos en que tenían problemas, se vio que en la mayoría su noviazgo había durado menos de tres meses. Los casados que se consideraban haberlo hecho con acierto se vio que habían tenido un noviazgo de mucha mayor duración. Es curioso que el grupo en que la felicidad conyugal se consideraba máxima habían sido prometidos durante un período no inferior a cinco años.

¿Cuál es la duración ideal de un noviazgo? Esto no se puede contestar de modo categórico, porque depende por necesidad de los individuos y las circunstancias. Pero todo período de noviazgo debería incluir lo siguiente:

1. Debería ser bastante largo para que los dos tuvieran tiempo de conocerse bien. El primer amor tiene lugar en una fase idealista y es por tanto una idealización que cada uno de los novios hace del otro. Pero, debería haber tiempo dedicado a la discusión práctica y cuidadosa de tópicos como dinero, iglesia, amigos, padres, diversiones, trabajo de la mujer, número de hijos, cuán pronto tener los hijos, características de la casa, divorcio, caso de que llegara a ser justificado, arreglos de boda, etc. Las parejas prudentes usan el período de noviazgo como ensayo de los años que siguen, yendo de compras juntos, buscando casa, visitando parejas de casados y quizá cuidando a horas de vez en cuando los críos de los amigos.

Esto dará una sólida base de experiencia sobre la cual podrá descansar el matrimonio.

2. El noviazgo debería ser bastante largo para aprender tanto como se pueda a hacer frente a los problemas que aparecerán. Sin duda nadie se hace tantas ilusiones como para no ver que el anillo de boda no es un amuleto contra los problemas. Los problemas existirán y habrá que pensar y orar sobre ellos.

3. Luego el noviazgo debe ser bastante largo para conocer cuál es la actitud del otro con respecto a las cosas sexuales. Esto requiere delicadeza, pero también franqueza. Esto no significa que la franqueza tenga que correrse hacia la falta de delicadeza o la sordidez.

4. Debe también considerarse la relación del marido y de la esposa con los padres respectivos del otro. Es necesario procurar establecer relaciones satisfactorias con los padres del otro, y hay que dedicar tiempo a permitir que los padres hagan cambios en su modo de vida, si es que éstos son aconsejables, en vistas del próximo matrimonio.

5. El noviazgo debería ser bastante largo para que cada uno llegue a convencerse de que el otro es realmente para él o ella, ya que de lo contrario, es preferible dar por finalizada la relación. Es mucho más honorable hacerlo así si se ve claramente que el matrimonio no va a funcionar.

El tiempo de noviazgo presenta algunos problemas también. De un modo natural existe entre los dos un grado de libertad de asociación que no había existido antes. Hay que vigilar que las expresiones de puro amor no vayan yendo más allá de lo que aconseja el honor y la pureza. El fallo en este punto puede ser una rémora en toda la vida matrimonial.

. No es raro que los padres no aprueben la proyectada boda. Algunas veces los padres no son razonables, pero, con mayor frecuencia necesitan tiempo para convencerse de la responsabilidad de la nueva familia propuesta, o de que los planes de la pareja son sensatos. Cuando ocurre esto, los padres están dispuestos a dar su consentimiento y ayudar. El noviazgo debería procurar tiempo bastante para esto.

Los matrimonios que han empezado bien ofrecen más posibilidades de ser armoniosos que los arreglos precipitados. El proverbio: «Vísteme despacio que voy deprisa» se aplica también en este terreno. Los maridos futuros harán bien considerando cuidadosamente y en oración todos los puntos afectados. Un período de noviazgo sosegado es todavía el mejor preludio a un matrimonio duradero, satisfactorio y feliz. Al sacar el máximo partido al período de noviazgo estás haciendo más valiosos los años que van a seguirlo.

Una vez conseguido un comienzo correcto para el matrimonio, podemos pasar a considerar algunos de los principios prácticos de la felicidad en las casas, en especial, algo importantísimo: el dedicar tiempo y energía a tener a la esposa contenta.

4

LA FELICIDAD VALE LA PENA...

No hay inversión posible del tiempo y la energía del hombre que dé más rendimiento que dedicándolos a procurar la armonía en el hogar. ¡El marido que llega al final del día a una casa feliz puede mover el mundo, puede cruzar los océanos, mover montañas! Tiene la fuerza de diez, y le sobrará energía.

Ahora bien, aparte del hecho de que el plan de Dios para ti es que tengas una casa feliz, incluyendo una esposa contenta e hijos obedientes, deberías recordar que un hogar feliz es una buena inversión para ti.

Además, aparte del hecho de que cuando diste promesa de matrimonio, dijiste que amarías, honrarías y proveerías para tu cónyuge, y por tanto para la familia, hallarás que al hacerlo te proporcionas a ti mismo la mayor satisfacción posible.

Date cuenta también de que tu inversión de tiempo, suficiente para hacer de la casa lo que debería ser te allana el camino para el éxito. No sólo procuras vivir de modo honroso como hombre, no sólo te esfuerzas para cumplir tus promesas hechas ante Dios, sino que estás usando tus recursos mentales para obtener los mejores resultados en tu propia vida.

Voy a mostrártelo. ¿Qué clase de trabajo puede hacer el hombre que llega a su casa para meterse en discordias, resentimientos, amargura? ¿Cómo puede hacer este hombre un buen trabajo en un negocio con mucha competencia cuando lleva un lastre de frustración y confusión así? Este hombre se ve socavado en su propio poder y habilidad para sus negocios.

El hogar es esencial. Es el castillo en que uno se refugia para hallar refrigerio y prepararse para la nueva batalla. Es un lugar necesario para el descanso y la recuperación. Sin un hogar el hombre va de un sitio a otro, inquieto, perdido.

No es necesario decir que la clave de la felicidad de la casa es la esposa. No hay que entender esto mal. No hay que hacer santas de las mujeres. Son falibles. Son humanas. Hacen equivocaciones, y de vez en cuando son incluso difíciles. Todo el mundo lo sabe.

Pero, hablando en general, la mayoría de las mujeres corresponden a la manera en que se las trata. Dios las hizo de esta manera. Las creó de modo que dependan para su felicidad y guía, en gran proporción, de sus maridos. Siguen los principios y prácticas de sus cónyuges... para conseguir su objetivo de gozo en la vida.

No es necesario decir que el conducir la casa de modo armonioso requiere tiempo. La mayoría de hombres entienden perfectamente que sus negocios requieren hacer planes de antemano, tiempo, dirección y aplicación en detalle. Sin embargo, los mismos, tienen ideas extrañas respecto a la forma de hacer funcionar el hogar: creen que marcha solo.

¿A qué podemos llamar éxito en la vida? Sin duda no es la adquisición de espuertas de dinero, o conseguir el pináculo de la fama si estos logros son conseguidos a costa de un hogar destruido o los hijos desconcertados. Esto no es triunfar, sino fracasar.

Dios ve el éxito como el cumplimiento de su divino propósito en tu vida. Puedes hacer mucho dinero, pero si descuidas a tu mujer y si tus hijos son como huérfanos, todos sus millones no serán más que una maldición delante de Dios.

Además, no esperes que tu esposa haga la tarea que te corresponde a ti. Dios la hizo a ella «idónea» (apropiada) para ti. Ella te ayuda en la casa, pero no la dirige. La responsabilidad es tuya.

Tiene que haber planes. Este es el procedimiento normal. El marido y la mujer deben sentarse con calma, y concienzudamente repasar y discutir los asuntos de la casa. Hay que decidir un curso de acción y buscar las maneras de decidir este curso de acción. Todo esto debe estar rodeado de oración y alentado por la Escritura. De esta manera entra en las discusiones la sabiduría de Dios.

Algunas veces el plan que se ha acordado no da resultado. ¿Qué hay que hacer entonces? ¿Hay que abandonarlo? Hay que buscar otro curso de acción. Otras formas de enfoque, otras avenidas. Un hogar feliz es accesible si se hace suficiente esfuerzo para conseguirlo.

En todos estos planes el marido sagaz observa secretamente las reacciones de la esposa. Debe recordar que ella es la clave básica de la felicidad del hogar y la armonía. Cuando ella está satisfe-

20

cha, contenta, complacida, sin duda, se verá que la casa refleja las mismas características. Por otra parte, cuando la esposa está descontenta... toda la situación es inestable, tormentosa.

Pero, todas estas cosas puedes controlarlas si quieres. Están en gran parte en tus manos si quieres dedicarles tiempo. Y si lo haces, hallarás felicidad en un grado que nunca habías considerado posible.

5

¿CUALES SON LAS CAUSAS DEL MALESTAR...?

¿Cuáles son las causas del malestar en el hogar? ¿Sobre qué puntos están en desacuerdo los maridos y las esposas? Si hemos de aceptar las encuestas de la opinión, y en este caso se trata de la encuesta de un periódico, aquí hay una lista de bloques que obstruyen la felicidad:

1. Dinero... La esposa quiere saber «dónde» va a parar el dinero del cheque a fin de semana o de mes. Dinero que no es «gastado sabiamente». Otro: la escasez de dinero y si la esposa debe trabajar o estarse en la casa.

2. La crianza de los hijos... Lo que los hijos hacen o no hacen. Sobre si han de llevarse los niños cuando los padres van a algún sitio o no. Asuntos sociales relativos a la crianza de los hijos.

3. Bebida... Cuando el marido sale y bebe, el resultado son varios problemas. Cuánto dinero se gasta en licor. Imposibilidad de comprar o hacer otras cosas a causa del dinero gastado en licor.

4. Otras mujeres, otros hombres... Los celos, el cruzarse el uno en el camino del otro. Demasiado callejear. No prestar suficiente atención a las obligaciones de la casa. El hogar sufre.

5. Los suegros y los cuñados... Discusiones sobre los miembros de la familia de uno de los dos. Relaciones entre las familias. Problemas con la suegra. Tiempo que se pasa en la casa de los parientes propios.

6. Regresar tarde... Los maridos salen y no se llevan a la esposa. Los maridos pasan demasiadas veladas fuera de la casa y de la familia. El marido o la esposa llega a casa demasiado tarde con frecuencia.

7. Cosas triviales... Algunas cositas que uno quiere hacer y el otro hace objeción a que las haga. Cosas infantiles sin importancia. El no ceder a los deseos del otro.

8. Tiempo libre... Algunas cosas que hay que hacer en la casa y que el marido descuida. El tiempo que el marido debe dar a la mujer para la vida social. El llevar a la esposa a cenar a un restaurante.

10. Egoísmo... No hay ganas de ceder en nada por parte de ninguno de los dos. La mujer dice que tiene derecho a «pensar» por su cuenta. Esfuerzos, por parte de la esposa, de «mandar» al marido, estando éste en desacuerdo.

11. Religión... Diferentes creencias, iglesias diferentes. La crianza de los hijos a este respecto. Los esfuerzos del uno para atraer al otro a su propia creencia.

Estas son, según la encuesta, las principales causas de malestar en la casa. Parece como si el resolver estos problemas daría como resultado la felicidad. Sin embargo, y por desgracia, las cosas no son tan fáciles, pero no hay por qué desesperarse.

O vamos a acercarnos al problema desde otro ángulo. Aquí hay la opinión de las mujeres con relación a las principales faltas de los maridos, o, por lo que podemos suponer, de sus propios maridos. Las faltas han sido enumeradas por orden decreciente.

1. El exceso de bebida fue la falta masculina mencionada por más mujeres. En este sentido hay que comparar esta encuesta con otra tomada hacía diez años, en que la bebida no era un problema tan acuciante.

2. Desconsideración. «A medida que se hacen más viejos van teniendo menos consideración a sus esposas.» A veces se trata de despreocupación sobre cosas pequeñas.

3. Egoísmo. «Cuando están sanos quieren ser reyes, cuando están enfermos quieren ser niños.» Algunos esposos «siempre hacen lo que quieren, nunca piensan en los demás».

4. Demasiado dominadores. «Siempre quieren mandar y nunca piensan en nadie más que ellos mismos. Quieren ser el "mandamás", el gallo del gallinero.»

5. Descarrío o liviandad. El problema de las «otras mujeres». Aunque esta falta ha sido un tema estudiado en libros y comedias desde hace siglos, sólo consta como número cinco en las quejas enumeradas aquí.

6. Tacañería. Muchas mujeres dicen que «sus maridos no tienen idea de lo que cuesta mantener

una casa hoy en día». El marido continúa gastando dinero en sí mismo, pero regatea cada centavo que da a la mujer.

7. Falta de interés en el hogar. Las esposas están de acuerdo que el hogar debería ser una tarea mutua. Quieren maridos que compartan con la esposa la responsabilidad de criar a los hijos.

8. «Tan pronto como llevas el anillo de boda ya no te tienen más consideraciones.» Están tan «envueltos en sus negocios que ni prestan atención a sus esposas». Una esposa acepta con mejor ánimo las tareas caseras si el marido le da alguna «sorpresa» de vez en cuando, la corteja, la lisonjea. Los hombres dejan de cortejar a sus esposas demasiado pronto.

9. Los hombres se quejan demasiado. Nada está bien. Raramente hacen un cumplimiento a su esposa incluso cuando ésta se desvive por complacerles.

10. Juegos de azar, o demasiado fumar. Pipas que apestan por la casa, cigarrillos, colillas; ceniza en la alfombra, a veces. «Mi marido pierde todo su dinero jugando al póker.»

Estos son los comentarios de las esposas. Estos son los ladrones que roban la felicidad. Esta es la semilla del descontento, la fuente de la discordia, el origen de la separación.

Pero, hay una respuesta. Y no es la respuesta de la psiquiatría o la sabiduría del mundo. Es la respuesta de Dios y hay que escucharla atentamente.

6

LA ESPOSA SE LO MERECE...

Vale la pena hacer esfuerzos para conseguir que el hogar sea feliz. Una esposa contenta y unos hijos sanos son bendiciones inestimables en la vida. No hay nada que valga más la pena que dedicar tiempo y energía a establecer y mantener una casa en que reine el amor y la armonía. Y no trato de hacer poesía. Estoy hablando de modo práctico.

Consideremos por un momento el valor monetario de una buena esposa. Esta tabla * muestra lo que costaría al marido si tuviera que alquilar a diferentes empleados que le hicieran el trabajo que realiza la esposa cada semana:

	Horas semana	Precio hora	Total
Cocinera	11,9	1,25	14,87
Lavar los platos	5,9	0,85	5,02
Niñera	44,—	1,40	61,60
Costurera	2,5	1,30	3,25

Lavandera y planchadora	8,3	1,00	8,30
Ama de llaves	10,—	1,00	10,00
Ir de compras	4,—	2,75	11,00
Disponer la preparación de platos	2,2	2,50	5,50
Basurero	1,2	1,50	1,80
Enfermera	3,—	1,30	3,90
Secretaria social	3,—	1,75	5,25
Jardinero	2,—	1,50	3,00
Reparaciones	3,—	1,50	4,50
Maestra de ceremonias	3,5	1,60	5,60
Chófer	1,5	1,60	2,40
			145,99

* *En dólares.*

Estos salarios están basados en los promedios de 1957. Desde entonces, algunos han doblado y otros incluso triplicado.

Si tienes dudas acerca de los datos provistos en la tabla anterior, puedes hacer una tú mismo. No creo que los resultados que obtengas sean muy diferentes. Por tanto, no hay duda que, desde el punto de vista económico, una esposa es una verdadera ganga. Y hablando de un modo general, la ganga puede continuar día tras otro, año tras año, sin pérdida alguna de la eficacia o desgaste, a menos que ocurran complicaciones por poca previsión del marido que pongan en peligro esta ganga.

He aquí algunas estadísticas sin prejuicios. En el curso de su vida de casada, la esposa típica pasa el tiempo según la siguiente tabla:

	Horas
Preparación de la comida	13,600
Lavando platos	10,000
Cuidado de la casa	13,500
De compras y visitas indispensables	4'500
Lavando y planchando la ropa, etc.	13,600
Cuidando de la familia	10,025

Además de esto, en un año, una esposa típica anda más de 400 kilómetros dentro de la casa y lava más de 25.000 platos, y, además, cuida de que la casa esté aseada y tenga un aspecto agradable.

Como dijo Salomón, «el que halla esposa halla el bien, y alcanza la benevolencia de Jehová» (Proverbios 18:22). La esposa es, sin duda, una joya de oro de 24 quilates.

Voy a decir sinceramente mi opinión. La felicidad de la casa es una gran tarea. Una de las mayores que es posible emprender. Pero la remuneración de esta tarea es excelente. En una casa feliz estarás más sano, te sentirás más alerta, serás más capaz de hacer frente a los problemas de los negocios, más eficaz en la ejecución de tus deberes.

Y la clave de la felicidad de la casa es una esposa amante y contenta. Este es el plan de Dios. No hay sustituto. Nadie ni nada puede tomar su lugar en la vida.

Puede que recuerdes el día de tu boda en que hiciste una solemne promesa: «Amarla, respetarla, defenderla; fueran las cosas bien o mal, hubiera riqueza o pobreza, enfermedad o salud, hasta que la muerte os separara». Entonces lo pensabas y muy en serio. ¿Y ahora?

Hay la tendencia en dejarse absorber por los negocios. Hay puentes que construir y rascacielos que levantar. Un negocio que hay que poner en marcha para llevar el pan al hogar. La vida parece llena de obligaciones, todas importantes.

De acuerdo. Pero todas estas cosas son, de hecho, secundarias a vivir de forma que agrademos a Dios. Tu hogar, tu esposa, tus hijos, tu iglesia; todo ello debe tener la primacía a los negocios. De hecho, cuando pones a Dios delante hallarás que Él te pone a ti delante, también, y cuando Él te pone primero, eres primero.

Ten la seguridad que la felicidad del hogar es imposible sin la cooperación del marido. La esposa puede hacer su parte, los niños pueden portarse como «ángeles», pero sin el padre como eje de toda actividad, el hogar no funciona.

Esto es así porque Dios lo dispuso de esta manera. El padre es el cabeza de la familia. El jefe de todas las cosas. En asuntos de instrucción, él dirige. En cuestiones de disciplina, su voz es la de autoridad. En la iglesia, él va delante. En cuanto a las devociones de la familia, están a su cargo. No hay nada completo sin él. Él es la clave de la armonía del hogar.

Todo esto exige tiempo, energía, planes, paciencia, consejo. Pero no dudes. Los resultados son valiosos, más de lo que puedas imaginarte. Serás el jefe de un hogar verdaderamente feliz en la tierra, y además, estarás acumulando tesoros en el cielo. Esto es aún más importante.

7

LO QUE QUIEREN LAS MUJERES

¿Cuáles son los requerimientos básicos? ¿Cuáles son los elementos esenciales que hacen la felicidad y el contento? ¿Es posible que los maridos, si se aplican a ello con sinceridad puedan cubrir estos requisitos?

En contra de lo que muchos suponen, sólo hay tres cosas básicas. Hay docenas y centenares de detalles, variaciones y ramificaciones de estos hechos fundamentales, pero en realidad, los deseos íntimos de las esposas son relativamente simples.

Pero antes de enumerarlos, quiero decir que estos elementos son básicos porque Dios los ha hecho así originalmente. Es Dios quien ha colocado en la mentalidad de la mujer las cualidades que la distinguen. Ella, por tanto, responde con ellas porque es propio de la naturaleza que le ha dado Dios.

Podríamos añadir que en la mentalidad o constitución del hombre se encuentran cualidades complementarias. Otra vez Dios es responsable aquí. El ha creado a las esposas con necesidades que sus maridos pueden satisfacer. De un modo coincidente en el carácter del esposo, hay precisamente las características apropiadas que necesita una mujer. Esto no es un arreglo casual, sino que es un designio, puro designio, provisto por el Hacedor.

De un modo característico, la esposa necesita seguridad ante todo. La razón es fácil de hallar. La mujer es un vaso más frágil. Dios la hizo así. Esto es muy acertado porque si hubiera sido hecha igual al hombre, el resultado habría sido una pugna constante entre los dos. La mujer es más débil, pero esto no se refiere al carácter, sino que se refiere estrictamente a lo físico, al músculo y al hueso.

No hemos de concluir por esto que la necesidad básica de la mujer es por tanto la seguridad, por lo menos desde su punto de vista. Esta no sería probablemente la palabra que usaría una mujer. Por tanto, el marido debe ser precavido en el uso de este término. Es algo así como un secreto que él sabe, pero no lo comunica a nadie.

¿Cómo se puede proveer esta seguridad? En primer término se trata de los ingresos. El hecho de que el salario sea por completo ordinario y corriente no quiere decir que estés descalificado para dar seguridad a la esposa. Lo esencial es si se puede depender de ti, si eres de confianza, si no te sales con cosas inesperadas. Si tienes una mente clara y firme. Puedes pensar las cosas con calma y hallar la respuesta. ¿Puede una esposa estar segura de ti en buen tiempo o mal tiempo, segura de que estando tú en el timón, sacarás el barco adelante?

Estamos hablando de las cosas básicas. La seguridad es lo primero, porque está profundamente enraizada en la función maternal, y en ella la seguridad es fundamental. La segunda es el afecto. ¿Qué significa esto?

Aunque lo que sigue pueda parecer trivial o muy simple, no cabe la menor duda de que es esencial en la vida de la mujer; las mujeres quieren ser queridas. No meramente en el sentido físico, y de un modo superficial. El amor a que me refiero es profundo, honorable, generoso, permanente. Es el amor que Dios mismo puso en el corazón de Adán cuando creó y unió la primera pareja en la tierra. Es un amor que es oro puro y que no se gasta, como si fuera cobre. Es la clase de amor que es fiel hasta los cabos de la tierra, y prefiere la muerte al desfallecimiento.

No hay mujer cuya vida sea completa sin este amor. Hay hambre de él. Hay sed de él. Esta es la manera en que Dios hizo a Eva. Las hijas de Eva, las mujeres, anhelan afecto, afecto noble y honorable. Y cuando lo reciben, responden con cualidades propias, raras y magníficas.

¿Qué es el afecto? ¿Cómo se ha de dar? No lo hagamos difícil. El afecto es la expresión normal de un amor genuino. Es el fruto natural de una gran consideración. Si hay que fabricarlo, es artificial.

El tercer punto es ser necesaria. La cualidad de ser necesaria está muy adentro en el corazón y la vida de la esposa. Cuanto más necesaria, mejor. Todo empezó también en el jardín del Edén.

Ya leímos el relato. Dios vio que no era bueno que el hombre estuviera solo. Así que le hizo una compañera hermosa. Esta persona había de ser el complemento de Adán en todas formas. El era el líder, activo fuerte, decidido. Ella había de seguir, pasiva, tranquila. El buscaba aventuras, era valeroso; ella preparaba el nido del hogar, donde él pudiera descansar de sus fatigas, era tierna y dulce.

La Biblia nos lo cuenta así. Eva era una ayuda «idónea» para Adán. No una ayuda ocasional, sino idónea, planeada, diseñada para él. El la necesitaba. El tenía muchas cualidades, pero ninguna de las que poseía Eva. Adán era incompleto sin ella. Ella le era necesaria a él. Dios lo dispuso así.

Todavía ocurre lo mismo hoy. Los maridos necesitan a sus esposas, tanto si se dan cuenta de ello como si no. Las mujeres lo saben de modo instintivo. Ni, por otra parte, son felices hasta que pueden ver que suplen a esta necesidad.

8

EL PLAN DE DIOS INCLUYE...

Quiero decir que el plan incluye la provisión de la felicidad. El plan es un plan de Dios; la felicidad es nuestra felicidad.

Volvamos de nuevo atrás. El tiempo en que nos hallamos es el momento de la creación. Dios está formando a los primeros miembros de la raza humana. Su idea es que habrá un solo hombre y una sola mujer en la unidad de la familia. El hombre será masculino, fuerte, y la mujer femenina, hermosa. Los dos están unidos por lazos de amor profundo. Cada cual necesita al otro. Ninguno de los dos es completo sin el otro. La salud, el crecimiento, la felicidad de cada uno descansa en la relación armoniosa del hombre y la mujer, los dos a la vez.

El hombre y la mujer son diferentes, muy diferentes. El hombre personifica la energía, la aventura, el logro. La mujer muestra paciencia, ternura, lealtad. El hombre es un líder. La mujer sigue. El hombre encuentra su mayor placer en proveer a las necesidades de su esposa; la esposa encuentra su mayor satisfacción en recibir las cosas provistas.

Se ve bien, pues, en lo precedente, cuán completo y suficiente es el plan de Dios. Nada puede ir mal cuando se siguen los propósitos sabios de Dios. Sólo cuando el marido falla en proporcionar la dirección que ordenó Dios, o cuando la esposa rehúsa adaptarse a la esfera que tiene designada, la felicidad se evapora.

¿Y cuál es el remedio? El remedio es fácil y posible. Volver al sabio plan divino y todo irá bien. Hay que estudiar los principios bajo los cuales Dios inauguró la raza entera, y seguirlos simplemente, con lo que seguirá la felicidad.

Recuerda constantemente que la felicidad es una cosa de orden espiritual. No es algo que puedas añadir o sustraer de la vida. El gozo es una cualidad del corazón. La armonía es compatible con el alma. La satisfacción es un resultado de la obediencia a las leyes de Dios. No la busques en ninguna otra parte.

El plan original de Dios proporcionaba felicidad. La había en el hermoso jardín. La proporcionó también después del gran pecado. Lo mismo hoy, a pesar de la presencia del pecado y sus frutos, en la familia cristiana que vive según los principios de Dios, ya que con ello vive en un deleite permanente.

De manera que lo esencial es seguir el plan. ¿Estás dispuestos a ordenar tu vida en consonancia con él?

Muy bien, pero ¿en qué consiste este plan?

En realidad este plan se halla en toda la Biblia. Todas las Escrituras tienen que ver con la vida y el amor. Pero aquí vamos a indicar los puntos sobresalientes:

Para los cristianos, Dios mismo quiere seleccionar la persona del cónyuge. Puede aceptarse que no todos los casamientos se hacen en el cielo, pero no hay duda que algunos sí se hacen allí. Dios quiere ser consultado en la elección de esposa.

Luego, Dios quiere que entendamos bien que el matrimonio es algo para toda la vida. Es una proposición permanente. Aquellos a quienes Dios juntó, el hombre no los ha de separar. Han de amarse en todo momento y en todas circunstancias.

En la relación matrimonial el hombre es el líder o cabeza. Es el que hace las decisiones. Notemos que Dios no llama al marido dictador, déspota, amo. Es el cabeza, no porque él sea intrínsecamente superior, sino pura y simplemente porque Dios se lo ha mandado. Tiene que haber una cabeza, y el hombre tiene la autoridad, pero concedida por Dios.

Por tanto, el hombre debe conducir en dirección a Dios. Ha de procurar que su familia posea lo suficiente, y su responsabilidad es proveerlo. Ha de hacerse cargo de un programa de disciplina con miras al temor de Dios. Ha de criar a los hijos (con la ayuda de la esposa) en el temor y admonición de Dios. Ha de tomar la dirección del culto espiritual, la oración y la intercesión. Ha de ser el sumo sacerdote del hogar.

¿Y la esposa? La esposa ha de estar contenta y asentir de buen grado a la dirección del marido. Tiene que apoyarle en todos los asuntos. Tiene que ser su mano derecha cuando él guía hacia Dios. Tiene que reconocer los dones que Dios le ha dado y mantener su dignidad de reina del hogar. Será algo de belleza espiritual y un gozo permanente para el marido y los hijos.

Sí, y los hijos. Estos son el fruto natural del hogar. No hay ningún hogar completo sin ellos. Son rayos de gozo, cuando llenan la casa de delicia desde la primera infancia hasta la madurez. Los provee Dios como una fuente de ocupación y placer incesante.

Ese es el plan. No es difícil seguirlo. Es vivir de modo natural a la luz que irradia de Dios mismo. Pero a pesar de su simplicidad, produce resultados de modo seguro. En realidad, Dios mismo ha garantizado los resultados.

9

QUE PUEDES ESPERAR...

Me refiero a qué puedes esperar de la esposa. Nos ocupamos de la felicidad del hogar y particularmente de lo que el marido puede hacer para conseguirla. Quizá sea este un buen sitio para decir que las mujeres tienen sus responsabilidades también. Su cooperación voluntaria es vital; de lo contrario, los esfuerzos del marido, aunque sean sinceros, serán vanos.

Hace unos cuatrocientos años, un autor inglés que vivía bajo el reinado de la buena reina Isabel, declaró cuáles eran, a su modo de ver, las reglas principales para que un matrimonio tuviera éxito. Aquí van las ocho reglas para la mujer:

1. San Pedro dijo que las mujeres deben estar sometidas a sus maridos, lo que equivale a decir que no deben contradecirles en ningún punto, sino esforzarse en complacerles en todo.

2. La mujer no debe abandonar a su marido en la adversidad o burlarse de sus dificultades.

38

3. Debe considerar las maneras y estilo de su marido como la regla legal de su vida.

4. No debe ser exagerada y ostentosa en su vestido, como adornarse e ir con cabello encrespado, con joyas preciosas, y oro, y adornos vistosos, todo lo cual no es sino precursor del adulterio.

5. No debe ser celosa o desconfiada durante la ausencia de su marido.

6. El sexto deber de la mujer es supervisar cuidadosamente la casa, y criar a los hijos y a los criados en el temor de Dios.

7. No debe descubrir las faltas o imperfecciones de su marido a nadie.

8. El octavo deber de una esposa es no mofarse o despreciar a su marido sino llevarse bien con él en tanto que le sea posible.

Es posible que al leer esto sonrías, recordando haber leído de aquellos tiempos pasados en que había caballeros que eran arrogantes y atrevidos. No suscribiríamos hoy «in toto» esta lista, pero no podemos por menos que admitir que el autor dice varias cosas de mucho peso respecto a la frustración y confusión del momento presente. ¿Cuál es, hoy en día, la responsabilidad de la esposa para conseguir armonía en el hogar?

Tengo la impresión que la base de gran parte de las discordias actuales en muchos hogares se halla en la ignorancia de lo que la Biblia enseña respecto al hogar y la forma de regirlo. Diremos que la primera necesidad de la esposa es estudiar los principios de las Escrituras sobre estos puntos, y habiéndolos entendido, procurar seguirlos humilde y sinceramente con la fuerza que da Dios.

El procedimiento correcto es entronizar la sabiduría de Dios por encima de todo.

No hay que esperar que una mujer pueda ser una experta en toda clase de capacidades. Hemos de recordar, aunque digamos a veces que es un ángel, que es en realidad humana. Por tanto, también comete equivocaciones.

Pero hay algunas cosas de carácter práctico que es posible esperar de la esposa. Por ejemplo: la casa debe estar limpia. La casa no tiene por qué estar llena de las conveniencias de moda; no tiene por qué poseer aparatos costosos, o lujos exquisitos, pero tiene que estar limpia. Este es el reino particular de la esposa.

En cuanto a los hijos, y esto es muy importante, tienen que tener prioridad en el tiempo de la esposa. Tienen que ser alimentados, vestidos y cuidados. Hay que enseñarles buenos hábitos y principios de disciplina. Hay que ajustarlos cuidadosamente en el orden de la casa. (El marido tiene una parte especial en todo esto, también.) No se debe permitir que haya nada que interfiera con la tarea suprema de criar a los hijos.

Las comidas también son importantes. Las comidas del marido, las comidas de los niños. Hay que comprar el alimento de modo prudente y prepararlo con gusto. Hay que usar recetas de cocina y libros culinarios. Hay que hacer estricto énfasis en la necesidad de comer juntos, con lo cual no sólo se puede conversar, sino que al hacerlo se ayuda a la digestión.

Hay que alentar el cultivo de algunas virtudes o actividades que hoy van cayendo en desuso, como el coser, zurcir, hacer conservas, cocer pan al horno; todo esto es de mucho interés. No hay que pensar que estoy sugiriendo lo imposible. Ya sé que el día tiene sólo veinticuatro horas. Pero debe hacerse todo lo posible.

Todas estas son cosas que tienen importancia y son de desear. Con todo, no son de tanta importancia como las cosas espirituales. Por ejemplo, el marido puede esperar que la esposa le dé aliento en momentos de desánimo. Su comprensión, su lealtad y su estímulo valen millones. Puede dar inspiración a su marido cuando éste se siente derrotado. Puede darle nuevos ánimos y esperanza cuando nadie más puede dárselos. Puede creer en él cuando otros le han perdido la confianza. Su lugar no lo puede ocupar nadie más.

Y además está la compañía. La camaradería en el sentido más íntimo. La afección, unida al respeto. Porque todo esto es honroso. El es el marido, para toda la vida. Ella es la esposa, total y completamente.

Bienaventurado y rico es el marido que espera y recibe estos tesoros.

10

LO QUE PUEDE ESPERAR LA ESPOSA

Demos una mirada a lo que el autor inglés del 1600, que hemos citado antes, tiene que decir respecto a los deberes del esposo:

1. Debe dar honor a la mujer como vaso más frágil, porque es coheredera de la gracia de la vida con él.

2. Debe tener paciencia y abstenerse de encolerizarse con la esposa, porque es de hombres bajos y ruines provocarla y hostigarla.

3. El marido no debe en ningún caso tener amoríos con ninguna mujer, excepto la suya. La mujer es celosa y sospechosa de modo natural, y si su marido la rechaza, es muy probable que se las arreglara para ser acogida por su vecino.

4. El marido no debe injuriar a la mujer, sea de palabra o de hecho, porque la mujer es una criatura débil y no tiene la fuerza física del marido; se ofende rápidamente y es movida por la pasión más fácilmente que el hombre.

5. El marido debe admitirse vencido por la mujer en algunas de las disputas mutuas.

6. El marido debe proveer para su mujer y para la casa según sus posibilidades.

7. El marido debe permitir que la mujer se muestre alegre y alborozada delante de él, porque de otra forma (y esta es la naturaleza de la mujer), buscará para sí manera de callejear y divertirse por su cuenta.

Las palabras son anticuadas, las frases arcaicas, pero el autor tiene algo que decir. Y en lo esencial encaja plenamente con las necesidades de hoy día.

Nuestro objetivo es la felicidad en el hogar. El método mejor es tener a la esposa contenta. El presente capítulo trata de las responsabilidades del marido.

Como hasta aquí, hemos de seguir apoyándonos en las enseñanzas de la Escritura, porque todo el plan con referencia a la familia fue diseñado por Dios. Por ello creemos que lo mejor que podemos hacer es seguir las instrucciones de Dios.

De manera que es en la enseñanza de la Biblia que los maridos tienen básicamente que hallar cuáles son sus responsabilidades. Dios considera al hombre responsable de la armonía en el hogar. Los maridos deben dar ejemplo y dirigir en los principios de sinceridad, rectitud, disciplina y orden en la casa. La esposa debe esperar que el marido le provea aquí de dirección.

Ya no hace falta mencionar que el marido es el que gana el pan de la familia. Esta es una responsabilidad que Dios le ha dado y no puede evadirla. No hay duda que está en el corazón de todo hombre el proveer para los propios. En general los maridos se esfuerzan para proveer más y mejor. Pero aquí hay un secreto. La esposa está orgullosa y contenta cuando su marido hace todo lo que puede. Y a la mujer le corresponde moderación en lo que espera, especialmente en lo que se refiere a lujos que pueden ser inaccesibles en muchos casos.

Hay otros puntos que hacen mucha diferencia. Por ejemplo, la esposa espera con razón que el marido tenga un interés activo en la casa. Y tiene derecho a ello. El hogar es el castillo del hombre. Aunque no puede pasar todo el día en él, con todo, su responsabilidad primera está allí. Recuerda que Dios evalúa la conducta propia del hombre y la crianza apropiada de los hijos como la primera responsabilidad de la vida.

Pero el hombre ha de tener un interés en la casa no calculado, profesional. Su interés ha de ser tierno, cálido, personal, para su cónyuge. Es su hogar. Son sus hijos. Es la esposa a la que ha profesado amor perdurable y devoción. Esta es su primera tarea en la vida.

El esposo no puede excusarse de esta devoción al hogar con intereses distintos u obligaciones previas. La sobria verdad es que si los negocios del marido son tan exigentes que no puede cumplir propiamente sus deberes en la casa, los negocios tienen que ser reducidos. Y Dios bendecirá al marido que lo hace. Financieramente, quiero decir.

Hay otras «expectativas» también. Tu esposa es una compañía querida. No es una secretaria, o una ama de llaves que has contratado. No está allí para arrastrar cargas como una mula. Se ha unido a ti por lazos de amor, que Dios mismo ha tejido. La mujer espera amor. Espera consideración, comprensión, paciencia, amabilidad, delicadeza. Estas virtudes, en realidad, tienen mucho más valor que las riquezas o las posesiones.

Es posible que alguien pregunte si con estas virtudes se puede proveer de pan la mesa. La respuesta es que es mejor que el pan sea escaso y que no falle la consideración amorosa para la esposa. El amor es la cualidad que trasciende incluso la muerte.

Tu esposa tiene razón de esperar muchas otras cualidades de ti. Pero, en realidad, se hallan todas comprendidas en los distintos aspectos de tu interés en ella y en las cosas del hogar. Tu trabajo y tus negocios son importantes. Nadie lo duda. Pero tu esposa, tus hijos y tu hogar, son más importantes.

11

RESPECTO A LOS HIJOS

Después de los asuntos de dinero, los hijos y los problemas relacionados con la educación de los hijos, son considerados por una encuesta como la causa más prolífica de discordia. Esto es más bien extraño, porque las familias podrían haber acumulado la experiencia de las familias previas. Además, el nacimiento, crianza y desarrollo de los niños es una parte inseparable del plan de conjunto de la vida. ¿Por qué los hijos presentan tales problemas?

¿Podría ser que algunas familias no siguen las instrucciones de Dios? ¿Es posible que en nuestro deseo de adoptar la más moderna filosofía de la crianza y educación se nos han pasado inadvertidos los principios que la Biblia estipula indispensables para el desarrollo apropiado de los hijos?

¿Dónde se encuentra la dificultad? ¿Cómo es que el privilegio de criar hijos pasa a ser una fuente de disensión? ¿Dónde se encuentran los fallos? Si los localizamos quizá podremos sugerir remedios y preservar la felicidad.

Hay tres áreas principales que deben tenerse presentes: Primero, ¿es el padre responsable de alguna forma de la educación del hijo? Segundo, ¿quién debe asumir la guía y dirección de la crianza del hijo? Tercero, ¿quién es que debe decir la última palabra en asuntos de disciplina y castigo? ¿Quién decide el castigo, si es necesario, y por qué?

Es una causa de gran satisfacción el saber que la Biblia habla de modo definido y sin vacilación sobre este tema. Hemos de esperar que lo haga y que lo haga con autoridad a la vez. Es de esperar que lo haga porque Dios tiene un interés vital en los niños. Que hable con autoridad porque Dios es el Creador de los niños. ¿Qué es lo que nos enseña la Biblia?

En contra de lo que muchos educadores modernos piensan, la Biblia nos enseña categóricamente que el padre ocupa el lugar de responsabilidad primaria en el desarrollo del niño. Dios considera que los maridos son responsables primero, luego la esposa. El marido ostenta la autoridad delegada de Dios en el hogar.

Ahora bien, la esposa y madre, tiene un lugar importante también. No hay ningún padre que pueda ocupar el lugar que le corresponde a la mujer. Pero esto no es lo que considerábamos. Estudiábamos si el marido y padre asume alguna responsabilidad y la respuesta es, definitivamente: ¡SI! El padre y la madre cooperan, pero el padre tiene la responsabilidad principal No puede excusarse de este privilegio.

Veamos, pues, ¿quién es activo en la crianza del niño? El padre, naturalmente, está fuera de la casa la mayor parte del día. ¿Significa esto que no puede participar en la educación de sus hijos?

De ninguna manera. La supervisión y planes, y tantos aspectos como sean posibles de la educación en sí, son la responsabilidad primaria del padre. Esto debe entenderse bien. La madre debe asumir su parte, que es muy importante. Lo que no debe hacer el marido es evadir su parte. Son también sus hijos, y no puede esquivar el privilegio y deber de su educación.

Pero no todo es pesado y engorroso en la educación de los hijos. Hay mucho que es estimulante e incluso divertido. Cada minuto, cada día, se van desdoblando nuevos aspectos de su personalidad en desarrollo. Algunos de los momentos más interesantes de la vida se pasan sin duda contemplando crecer a los niños.

¿Qué diremos de la disciplina? ¿Quién administra la disciplina corporal cuando es necesaria? ¿Quién decide si es necesaria? ¿Qué pasa si hay una diferencia de opinión? Jamás debería haber.

Si el propósito educativo de los hijos es mantenido de un modo apropiado, no habrá mucha necesidad de castigo disciplinario. Si lo hay, no importa quien de los dos lo aplique; pero jamás debe hacerlo sin el apoyo moral del otro conyugue. Nunca debería haber discrepancias sobre este asunto, y de haberlas deben ser allanadas en privado y jamás, en absoluto, deben ser exhibidas ante los ojos del disciplinado.

¿Qué es lo que hemos dicho? Que muchas esposas sufren porque sus maridos rechazan toda responsabilidad en el programa del desarrollo del hijo. Las madres creen que el padre también **tiene** responsabilidad. Y esta es la verdad. Dios se **la ha** dado a los dos, pero principalmente a él. No hay ninguna tarea tan importante. **Pero vale la pena.** Incluso cuando hay gemelos...

12

DINERO, DINERO

Esta es un área en la cual hay una infinidad de discordias en el matrimonio. Nos dicen las estadísticas que le corresponden al dinero la parte del león de los desacuerdos matrimoniales. Y no tiene por qué ser así. No hay razón de que el dinero, o, mejor dicho, su falta, deba ser un destructor de la felicidad.

Estamos hablando de personas cristianas. No quiero que se me entienda mal. Los otros pueden escuchar porque hallarán sabiduría divina aquí, pero, básicamente, estamos hablando a creyentes nacidos de nuevo.

Así, pues, como creyentes, no nos pertenecemos a nosotros mismos. Hemos sido comprados a un alto precio, a saber, la vida del Hijo de Dios. Somos suyos; El es nuestro. ¡Qué glorioso es esto!

Si somos, pues, suyos, entonces, todo lo que tenemos es suyo también. Nuestra vida, nuestras ambiciones, nuestro servicio, dinero, todo. La riqueza que El ha colocado en nuestras manos es en realidad suya. Nos la ha prestado. El quiere que la usemos para su gloria y para el progreso de su causa.

Esto no significa que debemos entregar a la obra de la Iglesia todo centavo de nuestros ingresos. Como es natural los ingresos deben ser dedicados a cubrir nuestras necesidades temporales. El quiere que vistamos y alimentemos a nuestras familias y a nosotros mismos. Pero no olvidemos que de todo lo que gastamos tendremos que dar cuenta algún día.

Sin embargo, el principio es que el dinero es suyo y nosotros lo administramos como perteneciente a El. Aunque hayamos trabajado para conseguirlo, aunque nos llega a las manos como fruto de nuestro sudor, o nuestra sabiduría. Con todo el dinero nos lo da Dios.

Por tanto no es correcto pensar que el dinero es del marido. Ni tampoco es de la mujer, aunque ella haya contribuido a los ingresos si trabaja. Es de los dos juntos y también de Dios. Y debe ser usado con el consentimiento y opinión de todos los afectados.

Esto no debe entenderse como una transacción legal. Esto es un asunto de familia. Dios nos ama y es un Padre altamente generoso. Ama a sus hijos. Quiere nuestro bien. No hay falta de riqueza en El. De hecho todo el oro y la plata del mundo son suyos... y también tuyos. Tú tienes riquezas incalculables. No hay nada que puedas necesitar que Dios no te lo pueda proporcionar.

Pero debemos ser prácticos. ¿Por qué es que los casados están en desacuerdo sobre el dinero? Simplemente, debido a que el marido guarda lo que gana y lo administra según cree bien. Considera que habiéndolo ganado él, es él quien debe decir la última palabra sobre la manera de gastarlo.

Pero el matrimonio es una sociedad: hay dos socios en ella. Es verdad que el marido recibe el salario, pero, ¿cómo podría hacer funcionar la casa sin la cooperación de la mujer? Ella cuida la casa y se hace cargo de los numerosos deberes relacionados con ella. Sin su apoyo fiel y leal no habría manera de que el esposo pudiera trabajar, materialmente, o por lo menos no tendría la tranquilidad con que lo hace ahora.

Algunos esposos consideran que ellos deben supervisar el dispendio de los fondos personalmente. Otros, sabiamente, utilizan la habilidad de la esposa y le delegan a ella el ejecutar esta tarea. Pero en todo caso, debe haber una completa discusión y un completo acuerdo de la manera en que hay que gastar los fondos.

Tampoco debería la esposa tener que pedir el dinero que necesita para cosas pequeñas. Debe haber un fondo del que pueda disponer libremente. Si no puede extender cheques, porque la cuenta corriente no es a nombre de los dos, debería tener un fondo separado, del que poder sacar.

Algunas esposas trabajan, y usan lo que ganan para rodearse de un vallado económico: lo que ganan es exclusivamente para su uso particular. Esto es peligroso. Una pareja casada no está constituida por dos individuos aislados, sino por uno. Sus vidas están entretejidas. Sus intereses son conjuntos. No debe haber nada que tienda a separarlos.

Los dos deben ser sensatos. En esta época en que hay tanta presión para gastar más de lo que uno realmente se puede, hay que tener mucho cuidado en no comprar demasiadas cosas. Hay que poner aparte una buena parte de los ingresos, para casos de urgencia. Hay que hacer un presupuesto. Hay que evitar incurrir en demasiados pagos a crédito.

Todos los asuntos respecto al dinero deben ser presentados al Padre celestial. Si eres fiel y de modo sincero le presentas todas tus transacciones financieras, y sinceramente buscas su guía en todas las cosas, nunca tendrás problemas.

Y, lo que es más, hallarás que este destructor de hogares y ladrón de felicidad no asomará a tu puerta. Asegúrate de que en lugar de un desastre potencial, el dinero, su adquisición y distribución, sean una fuente de contento para los dos.

13

COMPRUEBA ESTAS COSAS

¿Tienes idea de lo que hace más contenta a una esposa? Pues es el tener un marido ideal. No se trata de que sea un ángel. Aquí hablamos de modo práctico. Las características que mencionamos a continuación no son sobrehumanas, sino las que serían de esperar que mostrara todo marido sincero y sensato.

Una esposa quiere que su marido haga el papel de marido. Esto puede venir como una sorpresa. Pero no hay la menor duda que esto es lo que quiere Dios también. Si ha de ser el cabeza, el líder, el sumo sacerdote, el consejero, el delegado de Dios, el administrador..., ha de ser un hombre entero, un hombre a las órdenes de Dios.

Los maridos deben interesarse también en las cosas de la casa. Las esposas quieren que los maridos consideren que la casa es algo más que un sitio donde ir a dormir. Consideran que la tarea de mantener la casa en forma es demasiado pesada para ellas solas. Quieren ayuda en esta tarea. No sólo dinero para comprar lo necesario. Hay que hablar con el marido de las cosas, para que dé su opinión. Debe mostrar su voluntad de asumir responsabilidad.

Otro punto que está en el ideal de la esposa es que el esposo sea un padre real para los hijos. Después de todo, indica la madre, los hijos también pertenecen al padre. Por tanto, no debe dejarse la crianza de los mismos sólo a la madre. Todo hijo necesita recibir la marca de un padre piadoso en su vida. Sin duda la madre pasará más tiempo con él durante la crianza. Pero el padre debe usar toda oportunidad para influir en el hijo, para bien y para Dios. El hijo y su futuro deberían ser una causa de seria consideración y oración por parte de ambos.

Este es el número cuatro, y se refiere al cuidado y los hábitos personales. Después de todo, la esposa no es una esclava en la casa. No es su deber servir al marido como si fuera un rey. En el matrimonio hay colaboración. El esposo debe hacer lo que puede en los deberes de la casa. Debe cuidar su aseo personal, guardar los vestidos y sus cosas. Tiene que ser considerado para su esposa.

Ya hemos hablado de dinero. Lo que la esposa hace aquí es el resultado de un acuerdo mutuo, teniendo en cuenta que le corresponde al marido ser justo.

En el número seis diremos, como resumen, aunque dedicaremos unos párrafos más al tema, que el marido debe ser paciente en cuestiones sexuales. La esposa puede cooperar, pero es necesaria comprensión y amor por parte del marido.

Es sorprendente cuántas esposas mencionan el presente punto: Quieren que sus maridos recuerden las cosas pequeñas. Están dispuestas a trabajar de la mañana a la noche, día tras día, pero esperan que el marido les muestre su aprecio de una manera u otra. Puede que baste un abrazo y unas palabras cariñosas al oído. O un pequeño regalo, o salir a comer fuera juntos. Después de todo, lo que cuenta para la esposa no es lo que recibe, sino el hecho de que el marido no la olvida.

Algunas esposas sugieren que lo que aprecia-rían más es un programa de mejoras en la casa. Saben que las finanzas de la familia son limitadas, que no es posible comprar otro coche ahora, o que no pueden empapelar toda la casa como les gus-taría. Pero, ¿se podría empapelar sólo una habi-tación? ¿Sería posible pintar el garaje este mes, o reparar la puerta de la valla, que tiene roto el muelle? ¿No podrían sentarse los dos sobre esto y hacer planes? El hecho de hacer un programa de mejoras cada mes sería muy útil para robus-tecer la moral.

El siguiente detalle no es subrayado por mu-chas mujeres, pero sí por algunas. Quieren esposos que hablen con ellas de sus cosas. A veces hay dificultades y problemas. Pero si el marido con calma y paciencia considera los pros y contras de la cosa, sin hacer el dictador ordenando lo que hay que hacer, sino pidiendo la opinión de la esposa, y hablando del asunto juntos, algunas mujeres se sentirían mucho mejor.

Con ello llegamos al número diez. Y tampoco este punto ha sido indicado por todas las esposas, por lo menos de manera específica. La mujer quie-re que se le aprecie lo que hace. La suya es una tarea difícil. Es importante y difícil. Hace todo lo que puede para hacer bien la tarea. Muchas veces es monótona y siempre es exigente. ¿Hay alguien que lo sabe? ¿Se da cuenta el marido de lo difícil que es? Si lo sabe, entonces ¿por qué no lo reconoce?

Como puedes ver, no hay nada sobrehumano en estas cualidades. Todo hombre debe medirse con respecto a ellas. Quizá no has pensado nunca en ello. Pero puedes hacerlo, ¿no?

14

AMOR E INTIMIDAD

Es algo que apena tener que admitirlo, pero sólo una de cada diez esposas tiene verdadera satisfacción en su relación sexual en este país. ¿Por qué? Si es que las estadísticas tienen algún valor, hay que achacar la culpa generalmente al marido. Es demasiado exigente, descuidado, zafio, egoísta, apresurado.

No es posible separar el aspecto sexual del resto de la vida. No es un compartimiento aislado. Sus efectos, para bien o para mal, afectan toda la vida. El poder disfrutar del amor en la vida, incluido el aspecto sexual, profundiza nuestra capacidad para toda forma de afecto. Esto, a su vez, resulta en un equilibrio interno, y en una mejora de las relaciones con la familia, los amigos, y los asociados en el negocio o el trabajo.

Los mayores enemigos del ajuste sexual son la ignorancia y las actitudes falsas. Por ignorancia indicamos aquí el no entender que el aspecto físico del sexo es sólo una parte de un todo. Que en realidad hay implicado en el mismo y quizá predominen en él, aspectos espirituales y emocionales. Las actitudes falsas son destructivas en el hecho de que muchos (especialmente maridos) piensan que la experiencia sexual es un derecho y un privilegio y no son necesarias muchas consideraciones para los deseos del cónyuge.

La verdad es que la vida sexual bien ajustada no es un producto espontáneo. Es el resultado de amor sin egoísmo, un enfoque inteligente y con delicadeza. El marido inteligente se da cuenta de que para su esposa el aspecto sexual del amor es muchísimo más que una experiencia física, pues va enlazado con expresiones de ternura, consideración y afecto.

Muchos maridos consideran el sexo como algo que se puede dar por sentado. La relación con su esposa aquí se reduce a lo estrictamente biológico, con lo que para la esposa es más bien una experiencia penosa o desagradable.

Con demasiada frecuencia reclaman tener relaciones sexuales a la esposa de manera abrupta, sin preparación, sin galanteo alguno, como algo estrictamente fisiológico. Lo mismo cabe decir de su terminación, en que no hay consideración para la esposa una vez el marido ha tenido satisfacción.

Es psicológicamente importante en la relación que el marido no se muestre agresivo, prácticamente brutal. Es necesario tener delicadeza, en todo, pero especialmente en el acto sexual.

Esto no significa que haya que hacer planes minuciosos o seguir pautas estipuladas, o instrucciones mecánicas de manuales. El deseo puede aparecer en cualquier momento o lugar dentro de la intimidad naturalmente, pero no hay horas (la noche) o lugar (el dormitorio) que se puedan prescribir. La espontaneidad es precisamente un gran aliciente para la satisfacción. No hay inconveniente por otra parte en preparar la relación de modo anticipado, sea creando una atmósfera romántica (una cena especial íntima, perfume, atavío seductor, etc.).

La limpieza es absolutamente necesaria. El marido hará bien afeitándose. Esto evita recriminaciones.

La armonía sexual no hay que esperarla de la explosión de la luna de miel. Al contrario, para que aparezca es necesario que el ardor se calme y el entusiasmo emprendedor dé lugar a un comportamiento más sazonado y delicado. Se dice que hasta los cinco años de matrimonio no hay un verdadero ajuste o armonía sexual. Todo lo que antecede es aprendizaje.

Si el marido hace el amor sin delicadeza y ternura el resultado será contraproducente. El satisfacer a la esposa, y la paciencia para conseguirlo por medio de la estimulación adecuada no es algo que se improvise, sino que es fruto de los años, unido al deseo de conseguirlo.

El acto sexual no es una serie mecánica de reflejos fisiológicos. Los factores psíquicos son vitales. Un factor importante que obra psíquicamente es la variedad que da lugar a una intensificación del estímulo. La rutina es el peor enemigo de la satisfacción. En cuanto a lo permisible en la intimidad, las normas morales presentadas en la Palabra de Dios deben obedecerse y éstas, junto con el buen gusto y el respeto mutuo, son las únicas limitaciones a la relación física entre los cónyuges.

Dice un ministro: «Después del hambre viene

el sexo como el más poderoso de los instintos humanos. No hay manera de escapar del mismo. Se ve en los ojos, pulsa en la sangre, canta en la garganta. El sexo puede ser una de las cosas más admirables de la vida, o una de las más repugnantes, depende del uso (o abuso) que se hace del mismo».

15

ALGUNAS COSAS «PEQUEÑAS» QUE SON GRANDES

Se supone que un esposo y una esposa son dos adultos. En consecuencia parece casi imposible el daño que causan en el hogar algunas cosas insignificantes. Pero es así, y siendo verdad, deberíamos hacer mención de las mismas para evitarlas.

Podríamos enumerar aquí toda clase de hábitos que deben ser evitados y las prácticas que deben ser estimuladas si los maridos desean poder permanecer enamorados todo el resto de su vida matrimonial. Es sabido que en los días del noviazgo el joven es cuidadoso en extremo en su aspecto físico y su vestido. Lleva el pelo bien peinado, la barba bien afeitada, el traje planchado, los zapatos brillando como soles. Pero una vez ha tenido lugar la boda se opera una transformación. El bajón es espantoso. No se podría reconocer en el marido aquel joven meticuloso y arrogante que venía a cortejar a su princesa. En muchos casos es un modelo de dejadez. Es realmente lamentable.

Quiero ser práctico. Ya sé que hemos de tocar el suelo con los pies. Comprendo que los maridos no siempre pueden ir vestidos a la moda, como un figurín. No lo espero de ellos ni de las esposas.

Pero es indiscutible que no hay ninguna excusa para ir al otro extremo. Por ejemplo, los hábitos de limpieza personal no caen dentro de los artículos de lujo. No hay impuesto alguno sobre ellos. No hay duda que es bueno tomar baños con frecuencia. Y en estos días en que se es franco sobre olores y hábitos desagradables para los otros, los maridos tendrían que notarlo, sin que se lo tuvieran que forzar dentro de la cabeza.

¿Es pedir demasiado esperar que el marido se pase un minuto (60 segundos) para colgar sus propios vestidos y guardar los zapatos? ¿Se hundirían las esferas si el marido doblara la toalla o la colgara en el baño? ¿Temblarían las estrellas del cielo si el marido se ofreciera espontáneamente para ayudar algunos días a su esposa a enjuagar los platos que ella está lavando? No quiero decir como norma. Este es el reino de la mujer, y ella lo sabe.

Las cosas pequeñas... ¿no sabes que pueden ser una fuente de felicidad? Muestran algo: muestran la previsión del marido, su comprensión, su aprecio. Estas cosas son más valiosas que el oro. Y productivas en gran manera también. Porque la esposa con un marido prudente y cuidadoso le servirá mil veces mejor. Este es el alimento del amor. Este es el maná de la felicidad.

El amor es una fuerza que también se manifiesta en regalos y dones. Un novio que profesara afecto entrañable a su novia, pero nunca le llevara un regalo sería considerado un poco raro.

El amor siempre da. Es su naturaleza. De otro modo el amor no es genuino sino espúreo.

Ahora bien, el amor está planeado para que dure toda la vida de casados. De hecho al avanzar en su camino se hace más profundo, más enraizado, más fiel. ¿Por qué pues no se hace mayor esta efusión temprana de ofrecer y dar. ¿Por qué... para ser bien franco... no debe seguir llevando regalos un esposo? ¿Se ha evaporado el amor? No tiene por qué haberlo hecho. Pero, creo que conozco la respuesta. Se trata de descuido, olvido.

Los regalos no tienen por qué ser caros. En muchas familias el presupuesto es limitado. Pero los regalos no costosos pueden transmitir mensajes de afecto. Llévale una rosa, si no le puedes llevar una docena. Ella se hará cargo.

Tampoco hay necesidad de exagerar y llevarle un regalo cada noche. Pero, hay ocasiones que debes recordar. Cumpleaños, aniversarios, fiestas especiales. Porque ella está esperando que lo recuerdes, y te juzga, con razón o sin ella, en cuando a tu amor, por el hecho de que la recuerdes en aquella ocasión y lo demuestres.

Te sorprenderás al ver lo mucho que puede conseguir una cajita de bombones o un ramo de flores. O que salgas con ella a un buen restaurante para comer o cenar. La cosa en sí no tiene valor; lo tiene el cambio que produce en la atmósfera de la casa, pues crea un humor de fiesta y contribuye a la armonía. Los niños están más contentos, la esposa feliz y tú mismo tienes un sentimiento cálido por dentro.

Recuerda, sin embargo, que los obsequios y regalos nunca pueden substituirte a ti. Puedes enviar los regalos a carretadas, pero si tú no estás allí, producirán más lágrimas que sonrisas. No hay duda que está bien que un marido salga solo alguna noche de vez en cuando, pero si lo que quieres es verdadera felicidad en la casa, este de vez en cuando no debe ser demasiado frecuente. La esposa considera que el hogar es también el sitio donde te corresponde estar. No es completo sin ti. Sabe que no puedes estar allí durante todo el día porque tienes que ganar el sustento de la familia. Pero, puedes estar en casa por las noches. Si no estás en casa cuando puedes estar, falta algo esencial en ella. Algo que la esposa y los niños quieren y necesitan.

El siguiente es un buen consejo. El marido con una pequeña inversión en atención, cuidado y consideración puede tener la seguridad de sacar el gordo de la lotería de la felicidad hogareña.

16

ALGUNAS «COSAS GRANDES» QUE SE HACEN MAYORES

Esta es una sección importante. Porque aquí hay algunos de los factores principales en la creación de la felicidad o el descontento. Es una tragedia que los puntos que consideraremos sean tan comunes, a pesar de sus efectos tan nocivos. El marido sensato hará bien considerando este capítulo concienzudamente.

Los celos son un verdadero monstruo. Los diccionarios nos los definen como la disposición a sentir que hay rivalidad en asuntos de afecto. Es la sospecha de infidelidad por parte del otro. Es una grave enfermedad del corazón y puede dar lugar a crímenes horribles. Y desde mi punto de vista los celos es el número uno de los ladrones de felicidad.

Hay dos lados aquí. Hay la esposa que hace que su marido tenga celos. A veces de modo real, a veces imaginario. Pero, en todo caso, no puede dejarse que siga su curso esta enfermedad. Hay que discutir las cosas abiertamente. Conseguir ayuda si es necesario. Buscar el consejo del pastor o de un amigo. No dejes que el problema se encone en tu corazón, porque emponzoñará tu vida.

Hay otro lado también. Algunas esposas desconfían de su marido. También aquí puede haber causa, como ocurre con frecuencia, pero puede ser sin base. No se debe permitir que la sospecha permanezca sin aclarar. Hay que ventilar la cosa. Hay que resolverlo, como cuando se abre un abceso.

Hay un lado positivo también. Hay la posibilidad de confianza, sentirse seguro en el otro. Y esto es un estado de gran satisfacción, pero que es necesario ganar. Lo más sabio es excederse, incluso, en borrar toda apariencia que pueda conducir a los celos, para que la confianza sea implícita.

Un consejero de problemas matrimoniales aconseja que lo mejor es ni aún admitir el flirteo o la frivolidad con persona del otro sexo. Este es un consejo admirable.

Antes del matrimonio tanto el marido como la esposa habían tenido muchos amigos. Esto era deseable y bueno, pero después del matrimonio predomina un nuevo principio. Ahora el marido y la esposa han de encontrar su gozo principal en la compañía respectiva. Esto no significa que han de excluir los amigos. Pero significa que debe hacerse un escrutinio minucioso de los amigos respectivos, y el resultado debe ser aprobado por los dos.

También hay problemas con los cuñados y suegros. Lo mejor es que no se mezclen demasiado con los asuntos matrimoniales. Pueden visitar y han de ser bien recibidos, pero luego cada uno a su casa. No hay que prolongar las visitas indefinidamente y crear demasiada intimidad.

El marido puede hacer mucho para crear felicidad. Y la mayor parte de ello no se adquiere ni se compra, y por tanto no cuesta nada.

A todo el mundo le gusta ser apreciado. Y muchas mujeres tienen una vida muy recluida, sus días transcurren sin que ocurra nada nuevo en ellos. Por esto es necesario que el marido procure expresar de vez en cuando su aprecio por la comodidad de la casa y el bienestar de los hijos. Esto contribuirá mucho a compensar a la esposa por las largas horas de labor dedicadas a crear este bienestar.

En el sentido opuesto, una de las fuentes más potentes de amargura e irritación son las críticas o el regañar continuamente. Supongamos que las cosas no van perfectamente en la casa. Puede preguntarse: ¿van perfectamente en la oficina? ¿Trabajan de modo perfecto los empleados, los viajantes, los artesanos, las secretarias? No hay tal cosa, y es necesario esperar que haya fallos. No es de extrañar, pues, que los haya en la casa.

E incluso cuando es evidente que hay una falta, ¿servirá para algo la crítica? ¿No hay maneras de sugerir cómo evitarla sin criticarla? ¿No es mejor elevar la moral y subvenir el error alabando lo que es digno de alabanza? Tendrías una gran sorpresa si vieras lo que puede hacer un poco de alabanza sincera. Piensa por un momento cómo te afecta a ti.

Una buena oportunidad para pensar todo esto es el momento en que regresas a la casa. Tú no sabes lo que ha ocurrido en la casa mientras has estado fuera. Es posible que haya sido uno de aquellos días de alivio. Quizá la esposa está con los nervios de punta. La atmósfera en la casa está electrizada. Con una sola palabra se la puede hacer salir de casillas. Por tanto es un momento en que lo mejor es que, antes de decir una palabra de crítica, te muerdas la lengua. Es una espléndida oportunidad para mostrar que tienes control sobre tu temperamento o mal genio. Es el momento en que puedes ayudar y mostrar simpatía. Y tú eres el más indicado para hacerlo.

Puedes decir que tú tienes días así, y nadie viene a consolarte, y cogerte de la mano, u ofrecerte consuelo. Aquí hay que hacer alto. ¡Un momento! ¿Por qué consideras este punto? Tú eres más fuerte. Tú eres el que da el ejemplo. Dios te ha hecho así. Tú tienes que aguantar aunque los otros estallen, tú tienes que mantenerte firme, aunque los otros aflojen.

No se debería esperar que obraras así, quizá, si no fuera que Dios ha delegado en ti esta responsabilidad. La felicidad depende en gran parte de la forma en que tú reaccionas. Tienes que tener la cabeza plantada bien firme sobre los hombros. Tienes el don y capacidad de desenredar los nudos, resolver las dificultades, y volver a reunir las piezas esparcidas para volver a formar el diseño.

Si te sientes débil, flaqueante, impotente para la tarea, recuerda que fue Dios quien te llamó a hacerla, y que El está dispuesto a proporcionarte la capacidad que necesitas para su ejecución. Pídesela.

17

LA FELICIDAD ES UNA FILOSOFIA...

Con esto lo que quiero decir es que puedes enseñarte tú mismo a ser feliz...

Mira... en una ocasión el Señor Jesús resumió todo el asunto diciendo... «Mas bienaventurada cosa es dar que recibir». Lo que esto quiere decir es que el gozo de la vida cristiana (y también de toda vida) debe ser hallado en el lado de la generosidad. Cuando empezamos a dar, ofrecer, servir, y este es el lema de nuestras vidas, encontramos un gozo básico que no hay nada más que pueda darlo.

Si los maridos pudieran comprender esto...

¿Cómo puede ser adoptada esta filosofía? Hay que volver al revés tus inclinaciones naturales. En vez de buscar que te sirvan, te ofrezcan, te den, tienes que procurar lo opuesto. Haz una regla de hacer cosas para los demás, de modo especial en tu propia casa.

Empieza a practicar esta filosofía (en secreto) con tu propia esposa. Siéntate con ella y tened una plática. Pregúntate lo que puedes hacer para complacerla. Haz una lista. Establece un objetivo. Pero, procede con tiento, pues de lo contrario corres el riesgo de que ella sospeche que hay algo extraño.

Por ejemplo, puedes ser amable y simpático cuando ella te diga que hay algunas tareas que hacer en la casa. No gruñas, no pongas peros y tapujos. Y si pones alguno que sea por salvar las apariencias y no en serio. Luego otro día le sugieres algo más importante. Le dices que vas a escardar las flores, o arreglarás un desperfecto en la casa, o harás algo en el garaje que es necesario, o cualquier otra cosa que ella ha estado deseando que hagas, pero tú te has hecho siempre el remolón.

Cada día cuando estás en el trabajo, o mejor aún de regreso hacia la casa, en el coche o en el autobús, dedica diez minutos a analizar la situación. Pregúntate qué es lo que puedes hacer, lo que puedes dar, lo que podría contribuir a mejorar la situación. Tienes que pensar en términos de ayudar a otros. No te desanimes si no ves agradecimiento inmediato. Quizás ella no ha salido todavía de su sorpresa al verte tan mejorado. Pero la recompensa no se hará esperar.

Lo que quiero que descubras, fundamentalmente, es que tú eres un factor esencial en esto. No hay felicidad que no sea profunda, del corazón. Lo otro es pasajero y volátil. Si tu corazón es animoso no hay tarea que pueda arredrarte. Las nubes amenazadoras no te harán mella. Las dificultades no van a ser un obstáculo. Te sentirás capaz de vencerlo todo, por más que no seas más que un hombre corriente y moliente.

Y tu esposa lo agradecerá… y pensará que eres el mejor marido del mundo. Y no estará equivocada.